PROPÉDEUTIQUE

MESSIANIQUE

ÉLÉMENTS DE LA PHILOSOPHIE ABSOLUE

PAR

HOËNÉ WRONSKI

OUVRAGE POSTHUME

PARIS
LIBRAIRIE D'AMYOT
8, RUE DE LA PAIX

MDCCCLV

PROPÉDEUTIQUE

MESSIANIQUE

ÉLÉMENTS DE LA PHILOSOPHIE ABSOLUE

PAR

HOËNÉ WRONSKI

OUVRAGE POSTHUME

PARIS
LIBRAIRIE D'AMYOT
8, RUE DE LA PAIX

MDCCCLV

TYPOGRAPHIE HENNUYER, RUE DU BOULEVARD, 7. BATIGNOLLES.
Boulevard extérieur de Paris.

AVANT-PROPOS.

L'Opuscule que nous publions ici est l'ouvrage d'un auteur, Hoëné Wronski, que des hommes de l'esprit le plus élevé déclarent être déjà immortel, et que d'autres qualifient très-expressément de *rêveur absurde*.

Les premiers, scrutateurs du savoir, mais qui se trompent peut-être, donnent pour raison de leur enthousiasme que Wronski a produit pendant cinquante années, à l'aide de notre belle langue française si positive et si majestueuse, et dans un style didactique, parfaitement approprié aux sujets qu'il a traités, une suite non interrompue de travaux scientifiques et philosophiques, dont la masse imposante et la haute valeur intellectuelle feraient la gloire de plusieurs générations de savants.

Les derniers, qui, par une raison bien autrement valable, le déclarent être un *rêveur absurde*, appuient leur dire sur ce que les ouvrages de Wronski sont complétement inintelligibles. Ils vont même jusqu'à avancer, ceux qui sont les plus polis ou les plus superficiels, *qu'on pourrait croire que Wronski serait fâché d'être compris*; tandis que les plus francs, ceux qui voient mieux les choses, disent tout uniment *que Wronski n'a écrit que pour n'être pas compris*.

Certes, voilà des juges admirablement renseignés, et par conséquent, tout à fait en mesure de porter un arrêt de condamnation, bien motivé, sur des ouvrages qu'ils avouent ne pas comprendre, vu que, par une cause parfaitement admissible, ils ne les ont pas lus!...

Mais quittons l'ironie, et parlons sérieusement à ces juges si peu équitables.

Nous leur dirons d'abord, que s'ils avaient l'amour du savoir, si une coupable indifférence pour la vérité n'était pas leur éternel partage, ils feraient beaucoup mieux, au lieu d'accuser Wronski d'une prétendue inintelligibilité qui les accuse eux-mêmes, car elle est complétement relative au degré plus ou moins élevé de leur culture intellectuelle, ils feraient beaucoup mieux, disons-nous, de chercher à comprendre ces travaux vénérables (1), que de se permettre, avec un déplorable cynisme, de les traiter d'absurdes et de les condamner ainsi sans les connaître (2). — Ou si, comme nous aimerions à le croire, ils n'étaient arrêtés dans cette étude que par la difficulté, et non par la mauvaise foi, qu'ils se rappellent alors la grande et belle allégorie des Grecs, qui dit que la sagesse, la science (Minerve), sortit tout armée du cerveau d'un génie divin (Jupiter), par le marteau du travail (Vulcain); et apprit ainsi aux hommes, dès ces temps reculés, que pour connaître la Vérité, cette âme du monde, il faut un rude labeur, mais que toute difficulté, dans ce haut ordre de savoir, est vaincue par *un fort cassement de tête*.

Nous leur dirons enfin, pour leur ôter tout prétexte spécieux de non-examen, que la suprématie de la raison est déjà si évidente aujourd'hui, qu'il ne doit plus y avoir pour l'homme, NULLE PART, aucune inintelligibilité ; et que même l'*absurde*, quelle que fût la puissance qui voudrait l'imposer à l'esprit humain, *l'absurde* est soumis au jugement de la raison qui, par ses lois absolues, a toujours le pouvoir, en vertu du DROIT DE LA VÉRITÉ, de le condamner d'une manière irréfragable.

Voilà pour ces juges si peu équitables.

Et voici maintenant pour ces purs et nobles esprits qui, loin d'être arrêtés par aucune entrave, marchent d'un pas ferme et as-

(1) Ces nombreux travaux, mathématiques et philosophiques, tant ceux qui sont publiés que ceux qui restent encore en manuscrit, forment à peu près, *cent trente volumes*, in-4° et in-8°.

Les ouvrages de mathématiques pures et appliquées, parmi lesquels se trouvent : *La Théorie des Nombres*, *la Résolution générale des Équations de tous les degrés*, *la Théorie de la Terre*, 4 vol in-4°, *la Mécanique céleste*, *etc*., *etc*., développent un ordre de science très-complet et très-élevé.

(2) Qu'il y a loin de ce cynisme à la sage réserve de Socrate qui, en parlant d'Héraclite, surnommé dans l'antiquité le philosophe obscur, disait : « Tout ce que je puis comprendre dans sa philosophie, je le trouve excellent, et j'ai ainsi lieu de croire que ce que je ne puis pas y comprendre doit l'être également. »

suré dans la nouvelle voie si lumineuse que la philosophie absolue ouvre au génie humain; c'est pour eux que nous publions ce petit ouvrage de Wronski; et quoique cet opuscule ne soit qu'un faible rayon de l'immense foyer de lumière où s'alimentait son savoir créateur, il suffira, nous l'espérons, à aider ces purs et nobles esprits dans leurs travaux intellectuels, en leur rendant plus faciles et par conséquent plus familiers les moyens puissants et absolus que, dans ses ouvrages, il a déjà donnés à la raison humaine, pour qu'elle puisse accomplir sa propre création par la découverte de la VÉRITÉ, CE BUT SUPRÊME de l'existence si mystérieuse de l'homme sur la terre.

D'ailleurs, que ceux qui trouvent *absurdes* ou *complétement inintelligibles* les ouvrages de Wronski, et prouvent ainsi que la Vérité ne leur inspire pas un intérêt assez puissant pour les engager à vaincre les difficultés d'une philosophie qui annonce l'apporter au monde, que ceux-là, disons-nous, sachent bien qu'il n'est pas plus nécessaire que tous les hommes soient Philosophes, qu'il n'est possible que tous les hommes soient Rois; et que, s'il suffit qu'une main ferme tienne avec sagesse les rênes d'un État, pour guider victorieusement tout un peuple vers ses buts providentiels, il suffit aussi d'un seul génie supérieur et de quelques fortes têtes pour entraîner toute l'humanité vers ses buts absolus.

Ve HOËNÉ WRONSKI.

Paris, mars 1855.

Nota. — Pour la lecture de cette *Propédeutique*, les personnes qui ne sont pas habituées à cette exposition tabulaire doivent ici remarquer que, suivant la présente division dichotomique, les deux sous-classes de chaque classe subdivisée sont marquées par les lettres a et b, portant à droite un nombre supérieur d'une unité à celui que porte le même indice de la classe ainsi subdivisée. De cette manière, en partant des deux genres primitifs désignés par A) et B), chacun de ces deux genres a deux classes, désignées respectivement par a) et b); chacune de ces deux classes a) et b) peut avoir de nouveau deux sous-classes a2) et b2); chacune de ces dernières classes a2) et b2) peut avoir deux nouvelles sous-classes, désignées respectivement par a3) et b3); et ainsi de suite, aussi loin que chacune de ces diverses classes ou sous-classes admet des subdivisions ultérieures.

PROPÉDEUTIQUE

MESSIANIQUE [1]

ÉLÉMENTS

DE LA PHILOSOPHIE ABSOLUE.

Ἐν ἀρχῆν ἦν ὁ λόγος, καὶ ὁ λόγος ἦν πρὸς τὸν Θεὸν, καὶ Θεὸς ἦν ὁ λόγος, πάντα διὰ αὐτοῦ ἐγένετο....... [2]

MÉTAPHYSIQUE DE LA PHILOSOPHIE.

A) *Conditions* de la détermination de la philosophie. = LOI FONDAMENTALE.

a) Conditions de la *fin* que l'on se propose d'atteindre.

a2) Condition *générale* ou *première*.

a3) *Données* ou connaissances requises pour fixer cette condition.

a4) *Définitions*.

1° L'*absolu* est ce qui a lieu par SOI-MÊME.

2° Le *relatif* est ce qui a lieu par quelque chose AUTRE.

b4) *Assertion*.

a5) *Thèse*. = L'absolu existe.

b5) *Preuve*. = L'univers et toutes ses parties, moi par exemple, nous existons d'une certaine manière déterminée : c'est un fait. Mais, si tout était *relatif*, si l'univers ne dépendait pas de quelque chose d'*absolu*, qui eût lieu par soi-même, il n'y aurait pas de raison pour que l'univers n'existât pas de toute autre manière, différente de celle dont il existe actuellement. Donc, puisqu'il existe ainsi, la raison de la possibilité de cette existence, c'est-à-dire l'*absolu*, existe aussi.

(1) De Προπαιδεία (*Propaidéia*), *Instruction préliminaire*.

(2) Au commencement était le Verbe, etc.... (Saint Jean.)

b3) *Fixation* de la condition première. = Considérant la philosophie comme *savoir suprême,* l'objet de la philosophie doit porter immédiatement sur l'ABSOLU.

a4) *Déduction.* = Cette condition première est évidemment donnée par l'absolu même, qu'elle implique.

b4) *Conclusion.* = Cette condition première, comme l'absolu lui-même, est donc l'*idéal de la philosophie* [1].

b2) Conditions *particulières* ou *secondaires.*

a3) Condition *négative.* = *Caractère négatif* de la philosophie.

a4) *Critérium.* = INDÉPENDANCE de la philosophie de tout ce qui n'est pas la philosophie [2].

b4) *Résultat.* = Tout savoir qui n'est pas l'objet même de ce savoir n'est point la philosophie [3].

b3) Condition *positive.* = *Caractère positif* de la philosophie.

a4) *Critérium.* = AUTONOMIE de la philosophie; création propre ou d'elle-même [4].

b4) *Résultat.* = La philosophie doit porter sur le savoir lui-même, et non sur les objets du savoir [5].

b) Conditions des *moyens* qu'on peut employer pour arriver à la détermination de la philosophie.

a2) *Exposition.* = *Exclusion* de toute *méthode;* et par conséquent procédé *naturel* de la raison dans sa tendance vers l'absolu [6].

b2) *Garantie.* = L'*inconditionnalité* de l'absolu dans ce procédé de la raison [7].

B) *Détermination* elle-même de la philosophie.

a) *Détermination* de son problème *général.*

a2) Détermination de l'*objet* du savoir suprême ou de la philosophie. = CONCEPTION GÉNÉRALE [8].

a3) *Requisita* pour cette détermination.

a4) *Principes* requis pour la détermination de l'objet du savoir suprême ou de la philosophie.

Nota. — Ces principes sont donnés immédiatement par les *conditions* que nous venons de fixer.

a5) Principe *constitutif;* principe d'*exclusion dans le choix* de l'objet en question. = Suivant [5], il faut prendre,

DANS LE SAVOIR MÊME, et non ailleurs, ce qui fait l'objet de la philosophie [9].

b5) Principe *régulatif;* principe de *fixation* de l'objet en question.=Il faut que l'objet de la philosophie soit conforme.

a6) en *particulier*, aux deux caractères; négatif et positif, de la philosophie [10].

b6) en *général* et

a7) *principalement*, à l'*idéal* de la philosophie [11], et même

b7) *accessoirement*, aux *définitions* de la philosophie qu'on a déjà conçues [12].

b4) *Données* ou connaissances requises pour arriver à la détermination de l'objet du savoir suprême ou de la philosophie.

a5) *Assertion.*

a6) *Thèse.*

a7) *Proposition.*=Le SAVOIR (*mens*) et son objet, l'ÊTRE (*ens*), sont dans l'univers deux éléments essentiellement différents ou hétérogènes.

b7) *Développement.*

a8) Par *assimilation.* = Comme deux forces opposées et primitives dans la formation de l'univers.

a9) *Comparaison.* = Comme le moule et la matière moulée [13].

b9) *Similitude.*=Comme les deux pôles de l'électricité, ou bien comme la force attractive et la force répulsive de la matière [14].

b8) Par *exposition.*

a9) Exposition des *effets.*

a10) Dans leur indépendance réciproque ou plutôt dans leur *hétérogénéité.*

a11) En *général.*=Le produit général du savoir est une UNITÉ DE LIAISON dans l'être, qui, par sa nature, est essentiellement sans liaison dans son individualité [15].

b11) En *particulier*, par exemple :

1° Unité de liaison de *quantité* [16].

2° Unité de liaison de *qualité* [17].

3° Unité de liaison de *relation* [18].
4° Unité de liaison de *modalité* [19].
5° Unité de liaison d'*essentialité* [20].
6° Unité de liaison de *réunion* [21].

b10) Dans leur dépendance réciproque ou dans leur *homogénéité*.

a11) *Fait*. = Considéré dans son application à l'être, le produit du savoir devient *homogène* à l'être [22].

b11) *Résultats* :

a12) Objectif. = *Réalité* des produits du savoir [23].

b12) Subjectif. = *Difficulté d'abstraire*, des accidents de l'être, les produits du savoir [24].

b9) Exposition des *causes*.

a10) Caractère *extérieur* : [25].

a11) du savoir. = DÉTERMINABILITÉ. (Spontanéité).

b11) de l'être. = FIXITÉ. (Inertie).

b10) Caractère *intérieur* : [26].

a11) du savoir : = MOI. (Subjectivité).

b11) de l'être. = NON-MOI. (Objectivité).

b6) Preuve.

a7) Conditions critiques.

1° La *fixité* de l'univers, et spécialement la *fixation* de réalité, constitue l'ÊTRE (*ens*).

2° La *déterminabilité* de l'univers, et spécialement la *production* de réalité, constitue le SAVOIR (*mens*).

3° La *réalité* elle-même de l'univers constitue la neutralisation de l'être avec le savoir dans les CHOSES (*res*).

b7) Déductions critiques.

1° L'univers *existe*; il y a donc fixation de réalité. Or, cette *fixation* de réalité constitue l'*être* (ὤν); donc ce dernier a lieu.

2° L'univers existe d'une certaine *manière déterminée*; il existe donc *ainsi*, parce que, comme nous l'avons reconnu plus haut, il dépend d'un absolu, qui est la raison de cette manière d'être, et qui, étant par soi-même, ne saurait être autrement. Or, cette *déterminabilité* de réalité dans l'univers constitue le *savoir* (λόγος) ; donc ce dernier a aussi lieu.

3° Dans la *réalité* de l'univers, manifestée en général dans tout ce que l'on nomme *chose* (χρῆμα), la *fixation* de réalité et la *production* de réalité sont deux parties constituantes et intégrantes. Telles sont donc aussi les attributions respectives de l'*être* et du *savoir*, qui forment cette *fixation* et cette *production*. Ainsi, comme parties distinctes, l'être et le savoir, sont dans l'univers deux éléments essentiellement différents ou hétérogènes. *Et c'est ce qu'il fallait prouver.*

b5) *Corollaire.* = Le savoir, pris dans sa pureté, et par conséquent, comme doué du caractère extérieur de spontanéité, c'est-à-dire, comme agissant par *soi-même*, constitue, dans l'univers, la double fonction créatrice que voici :

a6) D'une part, le savoir *relativement* à l'être. = AUTOTHÉTIQUE DU MONDE (de αὐτὸς et de τίθημι), c'est-à-dire, *établissement propre du monde,* ou *son établissement de soi-même.*

b6) De l'autre part, le savoir *absolument* en lui-même. = AUTOGÉNÉSIE DE LA RÉALITÉ (de αὐτὸς et de γείνομαι), c'est-à-dire, *génération propre de la réalité,* ou *sa génération de soi-même.*

b3) *Détermination elle-même* de l'objet du savoir suprême ou de la philosophie.

a4) En appliquant les *principes* de cette détermination déduits plus haut, aux *données* précédentes, et nommément à la première des deux parties du dernier corollaire, on obtient, d'abord, le résultat suivant *objectif,* et par conséquent *conditionnel,* qui est le *premier degré* du savoir suprême. = OBJET DE LA PHILOSOPHIE CHRÉMATIQUE.

a5) *Assertion.* = Le savoir, considéré relativement à l'être, comme AUTOTHÉTIQUE DU MONDE, est le premier objet de la philosophie [27].

b5) *Preuve.* = Conformité de cet objet :

a6) En *particulier,*

a7) avec le *caractère négatif* de la philosophie. = L'autothétique du monde est en effet INDÉPENDANTE de tout ce qui n'est pas elle-même [28].

b7) avec le *caractère positif* de la philosophie. = L'autothétique du monde MOTIVE ELLE-MÊME le savoir pour en devenir un objet, et cela parce qu'elle n'a proprement de valeur que par rapport au savoir.

a8) Preuve *médiate*. = Dans l'IMPULSION AU SAVOIR (*Wissenstrieb*) inhérente à la nature humaine [29].

b8 Preuve *immédiate*. = Dans l'essence même du savoir, et spécialement de l'autothétique du monde, qui est EXCLUSIVEMENT un objet du savoir [30].

b6) En *général*, conformité de l'objet de la philosophie chrématique,

a7) principalement, avec l'*idéal de la philosophie*. = L'autothétique du monde, objet de la philosophie chrématique, n'est autre chose que l'absolu manifesté *in concreto* dans le savoir [31].

b7) accessoirement, avec les différentes *définitions connues* de la philosophie [32] :

I. Parmi les Grecs, Aristote [33].

a8) *Définition*. = La philosophie est la connaissance des principes qui servent à fixer les CARACTÈRES NÉCESSAIRES des objets.

b8) *Vérification*. = Les *caractères nécessaires* dont il s'agit dans cette définition, sont évidemment les caractères intellectuels des choses, ou leurs caractères produits par le savoir, c'est-à-dire, l'expression de l'autothétique du monde.

II. Parmi les Romains, Cicéron [34].

a8) *Définition*. = La philosophie est la science des choses divines et humaines, et de LEURS CAUSES.

b8) *Vérification*. = Les *causes des choses* dont il s'agit dans cette définition, sont visiblement une métonymie des agents dans l'autothétique du monde.

III. Parmi les Arabes, Avicenne [35].

a8) *Définition*. = La métaphysique ou la philosophie est la science de l'ÊTRE ABSOLU (*De definitionibus et quæsitis*).

b8) *Vérification*. = L'*être absolu* ou plus exactement

l'*absolu* rentre dans l'idéal même de la philosophie, tel que nous l'avons reconnu plus haut; et cet absolu, manifesté *in concreto* dans le savoir, est l'autothétique du monde, comme nous l'avons déjà dit. Ainsi, la définition d'Avicenne n'est qu'une exposition de l'idéal de la philosophie, et non de l'objet même de la philosophie.

IV. Les scholastiques. = Comme Aristote [36].

V. Dans l'école française, Descartes [37].

a8) *Définition.* = La philosophie est l'art de déduire, des PREMIÈRES CAUSES, cette science qui renferme les règles de la conduite et des arts (*Préface de la 2e édit. des Principes philosophiques*).

b8) *Vérification.* = Les *premières causes* auxquelles aboutit cette définition sont visiblement les termes *déterminés* des choses, et par conséquent les premiers produits du savoir, c'est-à-dire, les éléments de l'autothétique du monde.

VI. Dans l'ancienne école allemande [38].

1° Leibnitz.

a8) *Définition.* = La philosophie est la science des RAISONS SUFFISANTES.

b8) *Vérification.* = Les *raisons suffisantes* dont il s'agit dans cette définition, sont très-clairement les produits du savoir considérés objectivement ou dans l'être; et elles forment ainsi une approximation bien prononcée de l'autothétique du monde.

2° Wolf.

a8) *Définition.* = La philosophie est la science de toutes les choses possibles, COMMENT et POURQUOI elles sont possibles.

b8) *Vérification.* = Le *comment* et le *pourquoi* qui entrent dans cette définition, ne sont visiblement qu'une métonymie des *raisons suffisantes* de la définition de Leibnitz. L'objet de la définition de Wolf est donc encore une approximation de l'objet que nous lui avons reconnu.

VII. Dans l'école anglaise.

1° *École empirique;* Bacon de Verulam.

a8) *Définition.*=La philosophie est la science de Dieu, de l'homme et de la nature.

b8) *Vérification.* = Cette définition est tout à fait fausse : elle n'appartient nullement à la philosophie, parce qu'elle porte manifestement sur des OBJETS du savoir, et non sur le SAVOIR LUI-MÊME. Ce serait la définition d'une *Pansophie* ou *Omniscience*, et non la définition particulière de la philosophie [39].

2° *École sensuelle;* Locke.

a8) *Définition.*=La philosophie est la science de l'entendement humain. (C'est au moins ce qui résulte de l'ensemble des écrits de Locke.)

b8) *Vérification.* = Ce n'est là autre chose que de la psychologie empirique; et par conséquent, Locke, cet oracle de la philosophie moderne, paraît avoir été bien loin de se douter seulement de l'idée de la philosophie. Il en est de même de l'école de Condillac, qui est fille de l'école anglaise de Locke [40].

3° *École mixte;* Smith.

a8) *Définition.* = La philosophie est la science des principes de la LIAISON des choses.

b8) *Vérification.* = La *liaison des choses* dont il s'agit dans cette définition, est un rayon de lumière au milieu des ténèbres dans lesquelles se trouve la philosophie en Angleterre. C'est une expression figurée ou métaphorique de cette autre expression *subordination intellectuelle,* qui, à son tour, est une exposition approximative de l'idée de l'autothétique du monde [41].

VIII. Dans la nouvelle école allemande, Kant.

a8) *Définition.* = La philosophie est la science des conditions ou des formes sous lesquelles s'exerce l'ACTE DU SAVOIR (telle est la définition qui résulte de l'ensemble de la philosophie de Kant).

b8) *Vérification.* = C'est là, quoique bien faiblement, le premier rayon de la vérité ; en effet, les conditions ou plutôt les formes, sous lesquelles s'exerce l'acte du savoir, ne sont évidemment autre chose qu'une représentation, par le moyen de l'être, de l'ACTIVITÉ PROPRE DU SAVOIR, c'est-à-dire, de l'autothétique du monde; et, de cette manière, aucun mortel, avant Kant, ne s'était approché de si près du véritable objet de la philosophie. Mais, malheureusement, ce n'est encore qu'une hypothèse : l'erreur de Kant consiste en ce que, comme ses prédécesseurs, il considère toujours le savoir à l'INSTAR DE L'ÊTRE, en lui supposant des conditions ou des formes qui font méconnaître son caractère sublime de SPONTANÉITÉ ou d'INCONDITIONNALITÉ. Quoi qu'il en soit de cette hypothèse erronée de Kant, les résultats de sa philosophie, garantis par le caractère de la NÉCESSITÉ sont vrais en grande partie, du moins dans la région inférieure de l'univers, dans celle des choses, où ce caractère de nécessité est applicable. — Ainsi, cet homme illustre a la gloire d'avoir le premier, sinon fondé, du moins provoqué la vraie philosophie. Nous lui rendons cette justice, en déclarant de plus que nous ignorons si, sans être guidé par ce premier rayon, nous aurions pu pénétrer dans le sanctuaire de la vérité, et fonder définitivement l'édifice de la philosophie, que nous annonçons dans cette Propédeutique [42].

Transition sceptique de (a4) à (b4), à cause de la CONDITIONNALITÉ qui est impliquée dans le résultat (a4). = Le savoir, comme principe de l'autothétique du monde, est nécessairement une partie constituante du monde. Or, quelle est l'autothétique du savoir lui-même, c'est-à-dire, quelle est, pour ainsi dire, l'AUTOTHÉTIQUE DE L'AUTOTHÉTIQUE DU MONDE [1] [43]?

b4) En appliquant les *principes* de détermination, déduits plus haut, aux *données* exposées à la suite de ces prin-

[1] N'oubliez pas que le mot AUTOTHÉTIQUE signifie : *établissement propre*, ou *établissement de soi-même*.

cipes, et nommément à la seconde des deux parties du dernier corollaire, on obtient, en second et dernier lieu, le résultat suivant *subjectif*, et par conséquent *inconditionnel*, qui est le dernier degré du savoir suprême ou de la philosophie. = OBJET DE LA PHILOSOPHIE ACHRÉMATIQUE (1).

a5) *Assertion.* = Le savoir considéré absolument en soi-même, comme AUTOGÉNÉSIE DE LA RÉALITÉ, est le dernier objet de la philosophie [44].

b5) *Preuve.* = Conformité de cet objet :

a6) En *particulier*, avec les caractères, négatif et positif, de la philosophie [45];

b6) En *général*, et

a7) principalement, avec l'*idéal de la philosophie.* = L'absolu, qui est impliqué dans l'objet en question, s'y trouve dans toute sa PURETÉ; ainsi, cet objet est complétement conforme à l'idéal de la philosophie [46];

b7) accessoirement, avec les *définitions connues.* = On conçoit facilement que, dans la découverte de l'*autogénésie de la réalité* (objet de la philosophie achrématique), les recherches des hommes ont dû être plus infructueuses encore qu'elles ne l'ont été dans la découverte de l'*autothétique du monde* (objet de la philosophie chrématique). On ne sera donc nullement surpris d'apprendre que, non-seulement l'ABSOLU, ce terme de tout, n'a pas été découvert jusqu'à ce jour, mais que même les essais qu'on a faits pour pénétrer dans ce sanctuaire de la raison s'écartent encore trop de la vérité pour que nous puissions y trouver un moyen de vérifier la détermination que nous avons donnée à ce dernier objet du savoir suprême. Mais, en revanche, au point où nous nous trouvons déjà ici, nous pouvons déduire les différentes manières sous lesquelles, en employant les données que présente le monde, on peut se faire l'illusion de croire remonter jusqu'à l'absolu :

(1) ACHRÉMATIQUE, hors des choses, de α privatif.

nous y verrons ainsi la source des idées hardies, mais erronées, que quelques philosophes modernes de la plus haute pénétration ont conçues sur ce dernier objet du savoir suprême, dont il est question. — Voici cette déduction.

a8) Absolu pris *dans le monde* (dans les choses et leurs éléments).=CONSIDÉRATION ERRONÉE [47].

a9) Dans les deux *éléments* du monde :

a10) Dans la *fixation* de réalité ou dans l'*être*.

a11) L'absolu du caractère *intérieur* de l'être, ou l'absolu du *non-moi*.=ALTÉRIÉTÉ ABSOLUE.

Nota.—C'est le principe du *réalisme transcendantal*. — On ne saurait l'effectuer que par une *théologie transcendantale*, comme celle de Jacobi.

b11) L'absolu du caractère *extérieur* de l'être, ou l'absolue *fixité* de l'être.

a12) Dans l'être même. = INERTIE ABSOLUE.

Nota. — Ce serait le principe d'un *naturalisme transcendantal*, comme celui qui, à leur insu, paraît diriger les philosophes anglais.

b12) Dans la relation de l'être au savoir. =DÉTERMINATION ABSOLUE.

Nota.—C'est le principe de la *chose* (*ens*) *transcendantale*, à l'instar de celui de Bardili.

b10) Dans la *production* de réalité, ou dans le *savoir*.

a11) L'absolu du caractère *intérieur* du savoir ou l'absolu du *moi*.=IPSÉITÉ ABSOLUE.

Nota. — C'est le principe de l'*idéalisme transcendantal*, comme celui de Fichté.

b11) L'absolu du caractère *extérieur* du savoir, l'ABSOLUE DÉTERMINABILITÉ DU SAVOIR.

a12) Dans le savoir même. = SPONTANÉITÉ ABSOLUE.

Nota.—C'est le principe de la *virtualité transcendantale*, comme celui de Bouterweck.

b12) Dans la relation du savoir à l'être. = INDÉTERMINATION ABSOLUE.

Nota.—C'est le principe de la *pensée transcendantale*, à l'instar de celui de Reinhold.

b9) Dans les *choses* constituant le monde.

a10) Absolu dans le caractère *extérieur* des choses, dans l'*hétérogénéité* du savoir et de l'être. = HÉTÉROGÉNÉITÉ ABSOLUE.

Nota. — C'est le principe du *dualisme mystique*, comme par exemple celui de Schlegel.

b10) Absolu dans le caractère *intérieur* des choses, dans l'*homogénéité* du savoir et de l'être. = HOMOGÉNÉITÉ ABSOLUE.

a11) Homogénéité *négative*.=NÉANT ABSOLU.

Nota. — C'est le principe du système philosophique d'Oken.

b11) Homogénéité *positive*.=SUBSTANCE ABSOLUE.

Nota.—C'est le principe du système philosophique de Spinoza.

Transition mixte, chrématique et achrématique, de (a8) à (b8), c'est-à-dire, transition du monde réel à son principe inconditionnel; absolu pris sur les *limites du monde* (sur les limites extrêmes des choses et de leurs éléments). = IDENTITÉ ABSOLUE DE L'ÊTRE ET DU SAVOIR.

Nota.—C'est le principe du beau système philosophique de Schelling (1), et c'est là la première manifestation de l'ABSOLU qui ait été dévoilée aux hommes. — Cette considération de l'absolu est vraie comme principe régulatif de la philosophie chrématique, c'est-à-dire, comme règle de la répression

(1) Formant son ancienne ou première philosophie. Il ne faut pas oublier que cette *Propédeutique* est très-antérieure aux derniers ouvrages de Wronski, auxquels il faudra recourir pour fixer mieux les caractères des philosophes après Kant. —Voyez surtout les *Prolégomènes du Messianisme*, page 75 et suivantes, où ils sont tous déterminés d'une manière absolue, jusqu'à Hegel inclusivement. (Mme W.)

des individualités aux universalités, ou des conséquences aux principes, pour remonter jusqu'au principe inconditionnel du monde, à cette origine de son *autothétique*. Mais, cette considération limitrophe de l'absolu est insuffisante comme principe constitutif de la philosophie achrématique, c'est-à-dire, comme établissement de la progression des universalités aux individualités, ou du principe inconditionnel du monde jusqu'à ses dernières conséquences, pour déduire l'*autogénie* elle-même de toute réalité [48].

b8) Absolu pris *hors du monde* (hors des choses et hors de leurs éléments). = CONSIDÉRATION VRAIE.

Nota. — Cette considération supérieure de l'absolu, qui manifestement peut seule être vraie, n'est pas encore établie sur notre globe. — C'est cependant là le véritable but de la philosophie, et nommément le problème essentiel de la philosophie achrématique. C'est aussi là, comme on le comprendra mieux avec le développement ultérieur de l'humanité, c'est dans cette haute considération, disons-nous, que se trouve la fin sublime de l'homme et de toute la création; car, c'est là seulement que peut enfin être dévoilé l'absolu et, avec lui, l'autogénie de toute réalité, dans laquelle est nécessairement comprise la CRÉATION PROPRE de l'homme (1).

b2) Détermination du *sujet* du savoir suprême ou de la philosophie. = CIRCONSTANCES IMMÉDIATES.

a3) *Données.*

a4) *Assertion.* = Ce que nous venons d'exposer jusqu'ici dans (a2) est la détermination de l'objet de la philosophie.

b4) *Preuve :*

a5) Preuve *objective.* = Elle est impossible, à cause de l'indépendance de la philosophie de tout ce qui n'est pas elle-même.

(1) C'est par la découverte de l'essence de l'Absolu que Wronski a pu donner une certitude irréfragable aux sciences et à la philosophie, en les soumettant à une seule et toujours la même loi, *la loi de création*, dérivant de cette essence elle-même de l'Absolu, et donnant ainsi à TOUT la VÉRITÉ. (Mme W.)

b5) Preuve *subjective.* = Elle est seule possible; et elle consiste dans la conformité de l'exposition dont il est question, avec la conscience que nous avons de l'idéal de la philosophie.

a6) *Explication.* = Il faut, par la *culture intellectuelle*, s'élever jusqu'à la hauteur de l'idéal de la philosophie, parce que l'objet de cet idéal, comme portant sur le savoir, ne peut être donné que par le développement ou perfectionnement du savoir.

b6) *Conclusion.* = Ceux de nos lecteurs qui n'auraient pas cette culture ne sauraient se flatter d'entrevoir l'objet de la philosophie, et, encore moins, de comprendre la détermination rigoureuse que nous venons de donner de cet objet. Il serait donc déraisonnable de leur part de se plaindre de l'*inintelligibilité* de ce que nous disons dans cette Propédeutique, qui est destinée, non à développer l'idéal de la philosophie, mais à fonder définitivement la philosophie elle-même.

b3) *Résultats :*

a4) Résultat *subjectif.* = L'idéal de la philosophie étant *absolu* et par conséquent IMPÉRATIF, il faut absolument

a5) ou atteindre son objet,

a6) en totalité. = CHRÉMATISME et ACHRÉMATISME.

b6) ou du moins en partie. = CHRÉMATISME.

b5) ou bien, prouver l'impossibilité d'atteindre cet objet [49].

b4) Résultat *objectif.* = Il paraît cependant que la raison de l'homme doit pouvoir atteindre complétement l'objet en question; parce que la SEULE IDÉE de cet objet requiert déjà une FACULTÉ ABSOLUE propre à le reconnaître [50].

NOTA.

Comme il est très-nécessaire d'expliquer pourquoi certaines personnes trouvent la philosophie absolue complétement inintelligible, nous allons citer ici quelques mots de Wronski lui-même touchant cet objet. — Voici ce qu'il en dit, d'abord, dans le n° 1 des *Bulletins*, 1re note de la page 11 :

« Il est remarquable que des hommes qui ne connaissent pas les ma-
« thématiques trouvent tout naturel que les livres d'algèbre soient inintelli-
« gibles pour eux, et que d'autres, qui ne connaissent pas la philoso-
« phie, se plaignent de ce que certains ouvrages philosophiques soient
« également inintelligibles pour eux. Ignoreraient-ils que la philosophie
« est aujourd'hui une science aussi positive, et, pour le moins, aussi dif-
« ficile que les mathématiques ; et par conséquent, qu'il faut préalable-
« ment acquérir une culture philosophique pour comprendre les hautes
« questions de philosophie ? »

Voici ce qu'il en dit ensuite, dans des lettres non publiées :

...« Que l'on réfléchisse qu'il a fallu plusieurs siècles pour faire entre-
« voir à la philosophie son véritable objet ; et l'on songera que, si l'on
« n'a développé aucune des idées qui y conduisent, il est impossible d'y
« rien comprendre immédiatement. Remarquez encore que chaque période
« de l'humanité n'a conduit la raison humaine, sur cette voie difficile,
« qu'à une petite idée de plus, et jugez alors, si, dans une heure de lec-
« ture, vous pouvez les acquérir toutes à la fois et sans études. »

« . . . .

« .....Les sciences ont pour objet l'*Être* qui nous est étranger, c'est-à-
« dire qui nous est donné hors de nous ; et la philosophie, au contraire,
« a pour objet le *Savoir*, surtout le savoir créateur, qui est identique avec

« nous-mêmes. Ainsi, l'étude des sciences n'exige, pour ainsi dire, au-« cune culture intellectuelle préparatoire, ou à proprement parler, aucun « développement de la réalité de notre savoir. De là vient que toute « science peut être apprise, et que cette étude ne présente rien d'inin-« telligible pour personne, dans l'état ordinaire de la culture intellectuelle. « L'étude des sciences ne présente de difficulté que par l'attention ou le « travail qu'elle exige, et cette difficulté peut être surmontée par tout « le monde, plus ou moins, suivant la plus ou moins grande aptitude « qu'on a pour ce travail. Il n'en est pas de même de la philosophie : son « étude n'est rien autre que le développement de la réalité même de notre « savoir. Ainsi, elle ne peut être apprise par l'enseignement, comme on « apprend les sciences. Étudier la philosophie, c'est, en quelque sorte, « SE CRÉER SOI-MÊME. Et voilà pourquoi il ne suffit pas de lire un livre « ou d'écouter un professeur pour comprendre la philosophie. Ce livre « ou ce philosophe ne peut que vous diriger dans cette *création propre* « *de vous-même* qui constitue la philosophie. — De là vient que l'inintelli-« gibilité est le caractère distinctif de la philosophie, *pour ceux qui n'ont* « *pas encore la culture philosophique*. Un traité de philosophie qui se-« rait intelligible pour tout le monde, à la première lecture, serait infailli-« blement toute autre chose que de la philosophie. »

NOTES EXPLICATIVES

POUR LA

PROPÉDEUTIQUE.

---

[1]. L'absolu, comme condition du relatif, est un *postulatum* de la raison. Ainsi, formant l'objet du savoir suprême, ce postulatum, considéré d'ailleurs comme idée première de ce savoir ou de la philosophie, c'est-à-dire, comme idéal de la philosophie, n'est rien autre que la *tendance de la raison vers l'inconditionnel.*

[2]. Les sciences strictement dites, comme conditionnelles, sont données ou *à posteriori*, par nos besoins, ou *à priori*, par la philosophie. Quant à la philosophie, comme inconditionnelle, parce qu'elle porte sur l'absolu, elle ne peut être donnée par rien autre : elle ne saurait être donnée ni par le bon sens ni par les sciences, parce qu'elle doit les expliquer, l'un et les autres. Et c'est là l'INDÉPENDANCE de la philosophie.

[3]. Par exemple, parmi les sciences spéculatives, la psychologie, l'anthropologie, la grammaire, etc., et, parmi les sciences pratiques, le droit, la morale, la religion, etc., ne sont pas la philosophie ; parce que ces différentes connaissances ne sont pas données par l'objet même de ces connaissances, mais bien par des buts étrangers à ces connaissances elles-mêmes.

La psychologie a pour objet la connaissance des *facultés spirituelles* de l'homme ; objet qui est subordonné à différentes fins étrangères, telles que sont l'emploi convenable de ces facultés, l'explication des phénomènes de l'âme, la guérison des affections spirituelles, etc.

L'anthropologie a pour objet la *réunion* et la *réaction* des facultés spirituelles et corporelles de l'homme ; objet qui se trouve subordonné aux mêmes fins étrangères que celui de la psychologie.

La grammaire a pour objet la *signification de nos pensées par des mots.* Cet objet est subordonné à des fins étrangères, telles que l'emploi convenable des mots, l'interprétation des expressions des autres, etc.

Le droit porte sur des *obligations juridiques* dont la connaissance est subordonnée à des fins étrangères, telles que l'obtention de la sûreté publique, l'acquisition du bien-être, la chicane même, etc.

La morale porte sur des *obligations éthiques*, dont la connaissance est également subordonnée à des fins étrangères, telles que la pratique de la vertu, l'obtention de l'estime propre, de la dignité, etc.

La religion enfin porte sur des *obligations divines*, dont la connaissance est aussi subordonnée à des fins étrangères, telles que l'amour de Dieu, l'obtention de la moralité publique, du salut éternel, etc.

[4]. L'autonomie de la philosophie est encore fondée sur l'absolu qu'implique l'idéal de la philosophie. En effet, nous venons de voir que, comme inconditionnel, l'objet de la philosophie reste indépendant de tout ; donc, pour qu'il puisse avoir lieu, il faut qu'il se produisse (qu'il se crée) lui-même, et par conséquent qu'il soit régi par ses propres lois. Et c'est là l'AUTONOMIE de la philosophie.

[5]. Tout *objet* du savoir, comme tel, est nécessairement conditionnel, c'est-à-dire, qu'il y a toujours un but ou une fin, pour lesquels ce savoir a lieu ; comme, par exemple, les objets des connaissances alléguées ci-dessus dans la note [3]. Ainsi, l'objet de la philosophie doit consister dans le *savoir* lui-même, qui seul, par son essence, peut devenir *son propre but.*

[6]. Il est facile à concevoir que, jusqu'à présent, nous ne pouvons employer aucune *méthode* ou *procédé artificiel,* parce que nous sommes censés ne point encore en connaître, ou plutôt parce que c'est à la philosophie qui est en question, qu'il appartient de reconnaître ces méthodes, ou du moins de les légitimer.

[7]. En prenant pour guide, dans l'emploi de la raison, sa *tendance vers l'absolu,* nous ne pouvons faillir, vu l'*inconditionnalité* que reçoivent ainsi nécessairement les résultats de nos recherches; inconditionnalité qui est le principe absolu de la certitude, c'est-à-dire, le fondement de l'infaillibilité.

[8]. L'*objet* du savoir suprême forme nécessairement le point capital de la philosophie ; et, par conséquent, il est indispensable d'en avoir la conception parfaite, si cela est possible, ou du moins une idée suffisante. C'est le défaut de cette connaissance qui, le plus souvent, a fait manquer le véritable but de la philosophie. Nous nous bornerons ici à alléguer Condillac et l'école qu'il a créée en France. Les philosophes de cette école donnent tous la psychologie empirique pour de la philosophie, et restent ainsi à une distance infinie de cette dernière. Par exemple, M. Degérando, dans son *Histoire comparée*

des systèmes de philosophie, dit (tome 2, page 432) que la *philosophie est la science des facultés humaines, et l'art d'en bien user.* C'est tout bonnement de la psychologie et de l'anthropologie pratique; aussi, l'auteur prouve-t-il, dans toute l'étendue de cet ouvrage, que, pour juger les progrès de la philosophie, il ne lui manquait précisément qu'une idée exacte de la philosophie.

[9]. On conçoit que ce n'est point tout le savoir indistinctement qui est l'objet de la philosophie. Une très-grande partie du savoir de l'homme est conditionnelle, comme dépendant de principes supérieurs; et comme telle, cette partie du savoir ne saurait satisfaire à l'autonomie de la philosophie, et par conséquent entrer dans l'objet de cette dernière. Mais, suivant ce qui résulte de cette autonomie (voyez [5]), c'est *nécessairement* dans le savoir même et non ailleurs, dans l'être, que doit se trouver l'objet du savoir suprême ou de la philosophie; et c'est là ce qui forme le *principe constitutif* de la détermination de cet objet.

[10]. Le caractère négatif, l'*indépendance,* et le caractère positif, l'*autonomie,* de la philosophie, que nous venons de fixer, forment, en quelque sorte, le *moyen* régulatif de la détermination de l'objet de la philosophie.

[11]. L'idéal de la philosophie, comme tendance de la raison vers l'absolu, forme strictement le *principe* régulatif de la détermination dont il est question.

[12]. Les différentes définitions connues de la philosophie sont autant d'essais qu'on a faits pour déterminer l'objet du savoir suprême ou de la philosophie; elles peuvent donc nous servir au moins de *vérification,* sinon de *moyen de détermination* de cet objet.

[13]. Le *savoir* est à l'*être* ce qu'est le *moule* à la *matière moulée.* L'un ne saurait avoir lieu sans l'autre : l'être sans le savoir serait sans aucune détermination, et ne saurait par conséquent signifier rien; le savoir sans l'être serait sans application, et resterait, par conséquent, vide ou nul : ou plutôt, l'être ne saurait avoir lieu sans le savoir, parce qu'il n'est possible que comme objet du savoir; et réciproquement, le savoir ne saurait avoir lieu sans l'être, parce qu'il n'est possible que dans sa relation avec l'être.

[14]. Les deux pôles de l'électricité se déterminent l'un l'autre; et aucun phénomène électrique ne peut avoir lieu que par le concours de ces pôles. La force attractive et la force répulsive de la matière se déterminent aussi réciproquement l'une l'autre; et le grand phé-

nomène de la matière ne peut avoir lieu que par le concours de ces forces. — De même, le savoir et l'être se déterminent réciproquement l'un l'autre ; et le monde ne saurait avoir lieu sans le concours de ces deux éléments de l'univers.

[15]. Soit A un être, et B un autre être, ou deux objets distincts du savoir. Il est de l'essence de l'être que A et B, considérés purement comme êtres, n'aient aucune liaison, aucune unité; car, une telle unité ferait de A et B un *seul* être, et nous supposons que A et B sont deux êtres *distincts*. Or, en appliquant le savoir aux êtres A et B dont il est question, cette influence peut produire une unité, une liaison entre A et B; et cette *unité* ou *liaison intellectuelle*, que nous désignerons ici par C, constitue une détermination ou, en quelque sorte, un phénomène nouveau dans les êtres A et B. Ainsi, cette unité intellectuelle C est essentiellement *hétérogène* avec l'être des objets A et B; et elle est évidemment produite par l'application du savoir aux êtres A et B.

Ce qui peut aider à concevoir que C est ici hétérogène avec A et B, et même avec leur coexistence, c'est que C ne nous est donné par *aucun sens*, et par conséquent que C est produit uniquement par le savoir. En effet, il serait tout à fait absurde d'admettre un sens pour la connaissance de C, puisque les sens ne sont précisément que les organes pour la connaissance de l'être, et que nous ne supposons ici d'autres êtres que A et B.

[16]. Soit A = *un coup* du timbre d'une horloge, et B = la *suite de coups* lorsque l'horloge sonne midi. Comparant B avec A, on trouve C = *pluralité douze*. Et cette pluralité n'est nullement contenue ni dans le coup A, ni dans la suite de coups B, ni même dans leur coexistence, en considérant ces coups individuellement comme des êtres distincts, ou du moins comme des accidents distincts dans l'être. Cette *pluralité douze* est donc un *produit du savoir*, entièrement hétérogène avec l'*être* des objets ou accidents dont il est question.

[17]. Soit A = le mouvement d'un corps *vers le nord*, et B = le mouvement d'un autre corps *vers le sud ;* comparant B avec A, on trouve C = *opposition* de mouvements. Et cette *opposition* n'est nullement contenue ni dans l'être du premier corps, ni dans celui du second corps, ni même dans leur coexistence. C'est donc encore un *produit de savoir*, tout à fait hétérogène avec l'*être* des deux corps dont il s'agit.

[18]. Soit A = un *son*, B = l'*écho* de ce son ; comparant B avec A, on trouve C = *causalité* (B causé par A). Et cette *causalité* (relation de cause à effet) n'est nullement contenue ni dans le son A, ni dans l'écho B, ni même dans leur coexistence. C'est donc encore un *produit du savoir*, tout à fait hétérogène avec l'*être* ou du moins avec les accidents de l'être qui produit le son et celui qui le répète.

[19]. Soit A = un vase *sphérique*, B = un vase *cubique* ; C pourra être = *possibilité* d'une capacité égale. Et cette *possibilité*, considérée purement comme telle, n'est nullement contenue ni dans le vase sphérique, ni dans le vase cubique, ni même dans leur coexistence. Cette possibilité est donc encore un *produit du savoir*, tout à fait hétérogène avec l'*être* des deux vases dont il est question.

[20]. Soit A = *un fluide*, et B = *le vase* qui le contient ; comparant A avec B, on trouve C = *limitation*. Et cette limitation n'est nullement contenue ni dans l'être du fluide A, ni dans celui du vase B, ni même dans leur coexistence, en considérant toujours individuellement ces corps distincts A et B. Ainsi, cette *limitation* est encore un *produit du savoir*, tout à fait hétérogène avec l'*être* du fluide et avec l'*être* du vase, dont il est question.

[21]. Enfin, dans tous les exemples précédents, la *coexistence* des deux êtres distincts A et B est déjà elle-même un tel résultat C de la comparaison de A et B. En effet, comme *distincts* l'un de l'autre, ces êtres A et B portent respectivement, dans leur nature individuelle, l'exclusion ou du moins l'indépendance réciproque, l'un de l'autre ; ainsi, leur *union* mutuelle C dans la *coexistence* ne peut être qu'un *produit du savoir*, entièrement hétérogène avec les *êtres* respectifs qui sont en question.

[22]. Les produits du savoir ne sont hétérogènes avec l'être qu'en les considérant par rapport à leur *origine* : l'unité ou la liaison intellectuelle des êtres provient clairement du savoir, et non de l'être ; et elle se trouve ainsi hétérogène avec ce dernier. Mais, en considérant les produits du savoir dans leur *application* à l'être, ils sont parfaitement *homogènes* avec ce dernier ; et c'est précisément dans cette homogénéité que consiste le phénomène du monde.

[23]. Comme partie intégrante du monde, les produits du savoir ont nécessairement autant de RÉALITÉ qu'en ont les accidents de l'être, en prenant ici le mot de *réalité* dans son acception absolue, celle de la qualité d'une *partie constituante* de l'univers. Mais, l'homogénéité des produits du savoir avec les accidents de l'être donne de plus

aux premiers cette espèce de réalité qui est l'attribut propre de l'être, et qui, considérée dans sa plus grande généralité, consiste dans *l'emplissement du temps.* — Toutefois, il ne faut pas confondre ici les produits du savoir proprement dits (de l'entendement, du jugement et de la raison), avec ceux de l'imagination : cette dernière faculté tient de la sensibilité, et n'est, pour ainsi dire, que le miroir de l'être ; lorsqu'elle est abandonnée à elle-même, elle peut produire des êtres *fantastiques,* qui n'ont aucune réalité.

[24]. Mais, cette même homogénéité des produits du savoir avec les accidents de l'être doit rendre difficile l'*abstraction* des premiers; aussi, cette abstraction exige-t-elle une véritable *culture intellectuelle,* qui doit précéder l'étude de la philosophie. L'homme qui n'a pas cette culture n'est pas encore capable de faire l'abstraction dont il est question ; et il ne peut, par conséquent, entendre rien à tout ce qu'on peut dire de l'essence du savoir sur lequel porte l'objet de la philosophie. A cet égard, l'homme sans culture ressemble à l'insecte qui ramperait sur la statue de l'Apollon du Belvédère : l'intelligence de l'insecte ne saurait découvrir rien au delà du marbre.

[25]. La déterminabilité, qui est le caractère extérieur du savoir, est une force de *spontanéité* ou *d'indépendance* dans ses déterminations ; et en effet, le savoir est *par soi-même.* La fixité, au contraire, qui est le caractère extérieur de l'être, consiste dans la *dépendance* ou dans l'*inertie* des déterminations de l'être. — Il faut remarquer qu'il ne s'agit point ici de la spontanéité de notre volonté, ou du libre arbitre, qui est ou peut encore être problématique.

[26]. Ce qu'est le *moi* et le *non-moi,* comme caractères intérieurs ou intimes du savoir et de l'être, ne saurait être connu que par notre propre aperception. Aussi, ne pouvons-nous ici faire autre chose qu'éveiller l'attention sur l'objet de cette aperception. — Il faut remarquer que nous désignons ces caractères intimes du savoir et de l'être par les mots *subjectivité* et *objectivité.*

[27]. On conçoit que, suivant la déduction de l'autothétique du monde, que nous venons de donner, nous entendons, par cette autothétique, l'*activité propre du savoir,* ou, en quelque sorte, la *valeur intellectuelle* du monde.

[28]. Il paraît, à la vérité, que l'autothétique du monde dépend des choses (êtres) ou objets dont elle constitue l'établissement ou la valeur intellectuelle ; mais ces objets eux-mêmes, considérés sous

ce point de vue, reçoivent une *autothétique*, et rentrent ainsi dans le domaine de cette dernière.

[29]. L'impulsion au savoir (*Wissenstrieb*), inhérente à notre nature, est une preuve, *in concreto*, une preuve médiate de ce que le savoir peut, par soi-même, devenir son propre objet; et cette impulsion est même tellement prononcée, qu'au reproche qu'on fit à Démocrite que *l'homme était né pour cultiver la terre et non pour la mesurer*, ce philosophe aurait pu répondre que, dans la vraie acception de la destinée de l'homme, *il était plutôt né pour mesurer la terre que pour la cultiver*. (La culture de la terre n'est que le *moyen* pour développer l'âme; mais la mesure de la terre, considérée ici figurativement comme culture de l'âme, est la vraie *fin*, ou le *but* de la vie.)

[30]. Si on peut le dire ainsi, l'autothétique du monde n'a de valeur qu'aux yeux du savoir. En effet, considérée hors du savoir, elle n'est rien : elle n'a lieu que *par* lui et *pour* lui. Il est donc vrai immédiatement que l'autothétique du monde motive elle-même le savoir pour en devenir un objet.

[31]. L'idéal de la philosophie consiste, comme nous l'avons déjà dit, dans la tendance de la raison vers l'inconditionnel, qui veut que l'objet du savoir suprême porte immédiatement sur l'absolu. Or, l'autothétique du monde est une espèce de *schéma* de l'absolu, ou plus exactement, elle est l'*absolu manifesté in concreto dans le savoir*.

[32]. Nous nous bornerons ici à examiner les définitions des écoles principales de philosophie.

[33]. Aristote est le philosophe le plus méthodique parmi les Grecs; ainsi, sa définition nous suffira ici.

[34]. Cicéron était le plus savant parmi les philosophes romains, qui, d'ailleurs, n'étaient que des imitateurs des philosophes grecs; nous nous en tiendrons donc ici à sa définition.

[35]. Avicenne est, sans contredit, le penseur le plus original et le plus profond parmi les philosophes arabes; nous nous en tiendrons donc encore à sa définition.

[36]. Nous ne nous arrêterons pas ici aux définitions particulières que les scolastiques ont données de la philosophie, parce qu'elle ne faisait alors que renaître, et que, d'ailleurs, elle était encore une espèce d'imitation de la philosophie des Grecs, et principalement de celle d'Aristote.

[37]. Descartes, chef de l'école française, est le premier qui, après la restitution de la philosophie des anciens, ait entrepris des tenta-

tives nouvelles en philosophie. Les philosophes français modernes ont méconnu son mérite, en devenant écoliers de l'anglais Locke (1).

[38]. Leibnitz et Wolf nous suffiront ici.

[39]. C'est une chose remarquable que Bacon, qui a réussi à corrompre la haute philosophie parmi les modernes, n'en ait eu aucune idée ; ou plutôt, dira-t-on peut-être, cela devait arriver ainsi.

[40]. Ignorant les progrès que la philosophie faisait sur le continent, ou peut-être sourds à cette voix étrangère, les philosophes anglais auraient dû au moins écouter l'appel de leur poëte Young, dans lequel, sous l'adresse de Pope, ils auraient pu facilement se reconnaître eux-mêmes. « Ah! si Pope, au lieu de s'arrêter dans le « cercle étroit du temps, avait poursuivi la trace de son vol hardi, « elle l'eût conduit aux portes brillantes de l'éternité. »

[41]. C'est dommage que Smith, Fergusson, et quelques autres penseurs méthodiques, se soient trouvés sous l'influence du *non-sens* philosophique débité en Angleterre pour de la philosophie. On dirait que les philosophes anglais on voulu faire la parodie de la philosophie, en lui donnant pour objet l'ÊTRE DANS TOUTE SA PURETÉ, et en changeant ainsi le savoir suprême, auquel elle prétend, en savoir du dernier ordre.

[42]. La révolution philosophique opérée par Kant consiste dans les trois points suivants :

1° La découverte du caractère de la *nécessité subjective* que doivent avoir les résultats philosophiques ; caractère qui, comme critérium, sert à distinguer ces résultats. Et, en effet, nous avons vu que c'est là le caractère des produits du savoir, qui, comme parties de l'autothétique du monde, constituent l'objet de la philosophie.

2° L'emploi de la *méthode critique*, laquelle, comme nous le verrons ci-après, consiste dans l'exclusion de tout principe, ou de toute condition objective ; et, en effet, c'est là la méthode inconditionnelle que requiert la philosophie.

3° Enfin, et principalement, l'usage du *procédé transcendantal*, qui, comme nous le verrons également ci-après, consiste dans la pro-

(1) Dans son fameux enthymème : *Cogito ergo sum*, Descartes cherche à expliquer la matière par l'esprit, ou mieux, l'être par le savoir ; tandis que Locke et Bacon cherchent, au contraire, dans toute leur philosophie, à expliquer l'esprit par la matière, ou le savoir par l'être ; ce qui fait que Wronski leur applique avec raison l'enthymème opposé à celui de Descartes : *Sum ergo cogito*. (Voyez les Prolégomènes du Messianisme, page 77.) (M. W.)

pre conscience du savoir lui-même; et, en effet, c'est encore cette conscience qui est nécessaire pour arriver à la connaissance du savoir pris *in abstracto*, tel qu'il est l'objet de la philosophie.

[43]. On doit d'abord remarquer que cette question est la dernière, parce que sa solution donne, en même temps, la solution de toute question ultérieure. Ensuite, il faut observer que, jusqu'ici, la philosophie n'embrasserait encore que la connaissance absolue de la *réalité* du monde, ou la connaissance absolue des *choses*, et par conséquent qu'il lui resterait encore à découvrir, d'une manière également absolue, la *fixation* et la *production* elles-mêmes dans cette réalité.

[44]. Ainsi, la différence entre la *philosophie chrématique et la philosophie achrématique*, consiste essentiellement en ce que la première ne porte que sur la RÉALITÉ de l'univers, ou sur tout ce qui est CHOSE (χρῆμα), tandis que la dernière porte déjà explicitement, et sur la FIXATION DE RÉALITÉ et sur la PRODUCTION DE RÉALITÉ, qui, comme éléments, concourent à l'établissement propre ou à l'autothétique du monde. En effet, c'est dans ces éléments de l'autothétique du monde, c'est-à-dire dans cette fixation et dans cette production, que se trouve le savoir en soi-même, ou l'AUTOGÉNÉSIE DE LA RÉALITÉ, qui est la vérité absolue.

[45]. Cette conformité avec les caractères, négatif et positif, de la philosophie, est ici trop claire pour qu'on ait besoin de développements ultérieurs.

[46]. Dans l'objet de la philosophie chrématique, l'absolu se trouvait donné *in concreto* dans le savoir relatif à l'être. Ici, dans l'objet de la philosophie achrématique, l'absolu est donné *in abstracto* ou dans toute sa PURETÉ; car, telle est la signification du savoir en soi-même.

[47]. Une chose essentielle à remarquer, c'est la source commune de l'erreur dans laquelle sont tombés tous les philosophes jusqu'à ce jour, ou plutôt l'écueil commun contre lequel sont venues échouer toutes leurs recherches. Avec ce que nous venons d'apprendre, il est facile de signaler cet écueil. Le voici :

1° Dans la philosophie chrématique où il s'agit de l'autothétique du monde, et par conséquent de l'*activité propre du savoir*, qui constitue cette autothétique, les recherches des philosophes ont toutes porté sur l'ÊTRE qui en a été l'écueil. Kant lui-même, qui pressentait si bien la philosophie chrématique, n'a pu éviter cet écueil, comme nous l'avons montré plus haut.

2° Dans la philosophie achrématique, où il s'agit de l'autogénésie de la réalité, et par conséquent du savoir en soi-même, hors de sa relation avec l'être, ou *hors des choses ou du monde*, les recherches des philosophes ont toutes porté sur l'absolu, formé DANS LE MONDE, qui de nouveau en a été l'écueil.

[48]. Tout ce que, dans la réalité déjà produite, nous pouvons pressentir sur l'absolu ou le *savoir en soi-même*, c'est ce que nous offre sa manifestation, qui existe aux limites du monde ou des choses, et qui consiste dans l'*identité primitive du savoir et de l'être*. En effet, en nous servant des éléments du monde, qui sont l'être et le savoir relatif à l'être, et en voulant nous élever jusqu'à l'absolu pur, au savoir en soi-même, nous concevons qu'il faut aboutir à l'identité primitive du savoir et de l'être. Mais ce n'est là qu'une idée chrématique de l'absolu en question : c'est une image en quelque sorte mondaine de cet absolu, c'est-à-dire, une image formée avec les éléments du monde ou des choses; et comme telle, cette image ne doit nous présenter que les *dispositions pour le monde*, qui sont dans l'absolu, pour ainsi dire, l'*aurore du monde*, et non l'absolu lui-même. L'idée achrématique de l'absolu, c'est-à-dire, l'idée de l'absolu lui-même ou du savoir en soi-même, reste donc jusqu'ici inconnue ; et c'est précisément cette idée sublime qui est le grand et le dernier problème de la philosophie.

[49]. Ce n'est, en effet, qu'après avoir prouvé l'impossibilité d'atteindre l'objet de la philosophie, que la raison peut cesser de poursuivre les recherches qui lui sont proposées *impérativement* par l'idéal de la philosophie.

[50]. C'est sur cette importante présomption de la raison que nous nous fondons dans cette Propédeutique de la Fondation de la Philosophie absolue, et c'est précisément cette présomption qui a été, pour l'auteur de cette Propédeutique, le premier motif de confiance, et peut-être même l'abord de la vérité; car, dans cette fonction sublime, l'ACTE DE CHERCHER DÉMONTRE LE POUVOIR DE TROUVER.

(Les ouvrages ultérieurs qui ont développé cette philosophie absolue se trouvent chez AMYOT, rue de la Paix, 8.)

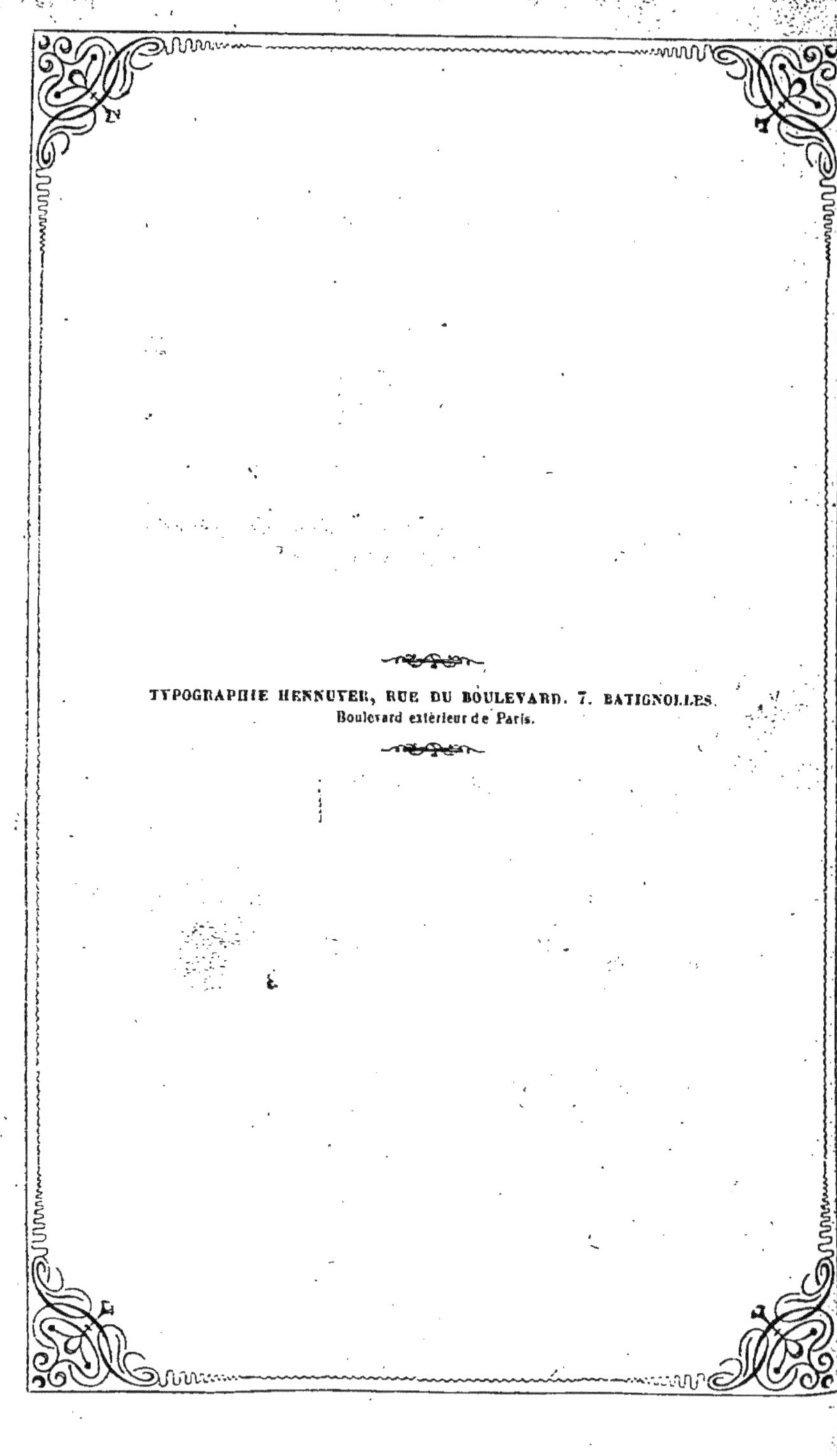

TYPOGRAPHIE HENNUYER, RUE DU BOULEVARD. 7. BATIGNOLLES.
Boulevard extérieur de Paris.

www.ingramcontent.com/pod-product-compliance
Lightning Source LLC
LaVergne TN
LVHW020310230826
846091LV00006B/2619

* 9 7 8 2 0 1 1 9 0 7 6 2 2 *